BARREAU DE POITIERS

ÉLOGE
DE
PIERRE RAT
AVOCAT ET MAIRE DE POITIERS AU XVIe SIÈCLE

DISCOURS

PRONONCÉ

A LA SÉANCE SOLENNELLE DE RENTRÉE DES CONFÉRENCES
DES AVOCATS STAGIAIRES

Le 26 janvier 1878

PAR

Léon BODIN

Avocat à la Cour d'appel, Secrétaire de la Conférence

POITIERS
IMPRIMERIE DE A. DUPRÉ
RUE DE LA PRÉFECTURE

1878

BARREAU DE POITIERS

ÉLOGE
DE
PIERRE RAT
AVOCAT ET MAIRE DE POITIERS AU XVIe SIÈCLE

DISCOURS

PRONONCÉ

A LA SÉANCE SOLENNELLE DE RENTRÉE DES CONFÉRENCES
DES AVOCATS STAGIAIRES

Le 26 janvier 1878

PAR

Léon BODIN

Avocat à la Cour d'appel, Secrétaire de la Conférence

POITIERS
IMPRIMERIE DE A. DUPRÉ
RUE DE LA PRÉFECTURE

1878

IMPRIMÉ AUX FRAIS DE L'ORDRE, PAR DÉCISION DU CONSEIL

Le samedi 26 janvier 1878, à deux heures, l'Ordre des avocats à la Cour d'appel de Poitiers s'est réuni en robes, dans la salle d'audience de la première chambre de la Cour, pour l'ouverture de la Conférence des avocats stagiaires.

Étaient présents : M. Ernoul, bâtonnier, président l'assemblée; MM. Th. Ducrocq, chevalier de la Légion-d'Honneur; Arnault de la Ménardière, Parenteau-Dubeugnon, Thézard, Orillard (Alfred), Gassan, membres du Conseil de l'Ordre; MM. Faure, Le Courtois, Druet (Paul), Broussard, Pichot, Dupré (Edmond), Garçon, Séchet, Ducamp (Albert), Barrilleau, Gondinet, Poignand du Fontenioux, avocats inscrits au tableau de l'Ordre.

La barre était occupée par MM. les avocats stagiaires.

M. le Bâtonnier a ouvert la séance et prononcé une allocution. Il donne successivement la parole à MM. Vacher-Lapouge et Bodin, avocats stagiaires, chargés de prononcer les discours de rentrée de la Conférence.

M. Vacher-Lapouge lit un discours sur le *Conseil privé* ou *Conseil des parties*.

M. Bodin prononce ensuite l'éloge de *Pierre Rat, avocat et maire de Poitiers au* XVIe *siècle*.

Après ces deux discours, M. le Bâtonnier consulte le Conseil de l'Ordre, qui, suivant l'usage, ordonne leur impression aux frais de l'Ordre.

M. le Bâtonnier, président, rappelle en outre que le Conseil de l'Ordre a nommé secrétaires de la Conférence des avocats stagiaires pour l'année 1878 : MM. Bazille, Bodin, Roblin et Archambault.

Il règle le service de la Conférence pour les séances ultérieures, fixées, suivant l'usage, au samedi de chaque semaine, à deux heures précises.

Il déclare ensuite la séance levée.

Poitiers, les jour, mois et an que dessus.

ÉLOGE
DE
PIERRE RAT
AVOCAT ET MAIRE DE POITIERS AU XVIᵉ SIÈCLE

Monsieur le Batonnier,

Messieurs,

L'Ordre des avocats, comme les familles illustres, a ses souvenirs et ses traditions, ses ancêtres qu'il peut proposer pour modèles aux plus jeunes de ses membres, sa noblesse acquise par le travail de l'intelligence et de la pensée, dont il peut à juste titre s'enorgueillir.

Il appartient aux jeunes avocats, dans les séances d'ouverture de nos conférences, de faire connaître à leurs confrères du stage les mérites de ceux qui, les devançant dans la carrière si noble du barreau, ont, par leurs talents, jeté un certain éclat sur l'Ordre tout entier. Car, plus modeste que la gloire ou le génie qui seuls donnent l'illustration, le mérite laisse après lui des traces moins brillantes, que le temps et l'oubli effaceraient rapidement, si, par un pieux devoir, les descendants ne transmettaient aux générations futures le souvenir de ceux qui les ont précédés.

Avocat, jurisconsulte, échevin, puis maire de Poitiers, Pierre Rat nous offre, Messieurs, au commencement du seizième siècle, une curieuse figure d'avocat des temps passés. Son nom est à peine parvenu jusqu'à nous; mais, doué d'une intelligence d'élite le rendant apte à réussir dans tout ce qu'il entreprenait, il mérite de figurer parmi les plus célèbres membres de notre ancien Barreau poitevin.

Avant d'aborder le sujet qui m'a été confié, permettez-moi, Messieurs, de remercier le Conseil de l'Ordre de l'honneur qu'il m'a fait en me choisissant pour prendre la parole en pareille circonstance. J'aurais désiré qu'une voix plus autorisée que la mienne vous retraçât cette existence si belle, si utile au Poitou, et pût vous analyser d'une façon intéressante le *Commentaire* de la coutume de notre province, que Pierre Rat fit paraître; mais je ne puis que m'incliner devant une décision qui m'honore, et si la tâche excède l'insuffisance de mes forces, je vous prie de vouloir bien user d'indulgence et de pardonner les imperfections de mon modeste travail.

Pierre Rat, sire de la Poitevinière, naquit à Poitiers vers 1498. La date de sa naissance ne nous est point connue d'une façon certaine, on ne fait que la présumer; et le seul document que nous ayons à ce sujet, c'est la déclaration par Pierre Rat lui-même, à la fin de son *Commentaire sur la coutume du Poitou*, qu'il n'avait pas cinquante ans accomplis lors de la publication qu'il fit de cet ouvrage en 1548.

Rat n'était point de noble origine; il appartenait à une de ces familles de la bourgeoisie, laborieuses, actives, grandies dans le silence, le travail et l'économie, et qui ont si puissamment contribué à la prospérité de la France. Le nom de plusieurs des membres de sa famille se retrouve dans l'histoire locale; un oncle de notre jurisconsulte, Bertrand Rat, était maire de Poitiers en 1518, et un de ses neveux, du nom de Pierre Rat, lui aussi, était, en 1562, assesseur du conservateur des priviléges de l'Université, et, en 1577, président au siége présidial et maire de la ville. Ce fut ce Pierre Rat, dont parle Dreux du Radier, qui dédia, vers 1562, à Catherine de Clermont, épouse en secondes noces d'Albert de Gondy, duc de Retz, un discours en latin, dans lequel, remerciant la famille de Clermont de l'avoir toujours protégé lui et sa famille, il se déclare pour le parti du roi et opposé aux calvinistes qui venaient de s'emparer de Poitiers.

Pierre Rat fit ses études dans sa ville natale, d'abord au collége de Puygarreau, puis enfin à l'Université. Fondée par Charles VII et le pape Eugène IV au moment où l'envahissement de la France par les Anglais avait exigé la translation du Parlement à Poitiers, notre Université comptait parmi les plus célèbres; sa Faculté de droit surtout avait acquis déjà ce renom de science qu'elle a conservé jusqu'à nos jours.

La bulle de création du 29 mai 1431 la considère comme destinée à devenir une pépinière de savants : « *Illam tanquam locum ad multiplicanda semina..., germina salutaria producenda magis accommodare fore comperimus.* » Ce but fut complétement atteint; l'enseignement du droit romain et du droit canonique acquit dès l'origine une grande célébrité, et l'on vit accourir à Poitiers des étudiants de tous les points de l'Europe. Ce fait est attesté par Sainte-Marthe qui écrivait à peu près à la même époque, dans une ode en l'honneur de Poitiers :

> Et ton école célébrée
> Par les saints oracles d'Astrée,
> Fait-elle pas venir à nous
> Celui qui boit les eaux du Tibre,
> L'Allemand, le Suisse libre
> Et l'Anglais au visage doux ?

Sainte-Marthe, Messieurs, n'usait pas des priviléges de son art ; il disait vrai. Poitiers partageait alors avec Toulouse et Bourges la gloire de former les plus grands jurisconsultes de l'Europe ; c'était là que venaient étudier les Tiraqueau, les Brisson, les De Thou et tous les jeunes gentilshommes destinés par leur naissance aux grands emplois de la magistrature. Ce fut à Poitiers que l'oracle du droit coutumier, Dumoulin, vint terminer ses études juridiques.

Le nombre des étudiants était alors considérable, et leur humeur tapageuse amenait parfois des troubles, dont l'énergie des professeurs pouvait seule triompher, témoin le fait qui se passa à l'Université pendant que Rat y étudiait, et auquel, j'ose espérer, il ne prit point part : je veux parler de la lutte héroïque du célèbre Christophe Longueil se défendant avec trois volumes du Digeste contre plus de six cents étudiants gascons qui voulaient l'obliger à descendre de sa chaire pour faire place à un autre professeur dont l'heure du cours avait sonné.

Rat eut pour professeurs les hommes les plus remarquables de son époque, parmi lesquels je citerai : Elie Regnier, Julien Tortereau, Christophe Longueil dont je parlais tout à l'heure, et surtout Robert Irland, descendant d'une noble famille écossaise, qui a donné son nom à la rue des Ecossais ; Roberd Irland regardé par Baron comme l'homme le plus savant de son temps, et sur lequel il fit une épigramme terminée par ce distique :

« *Vere, Irlande, es homo, Cynicus quem non face quondam*
» *Accensa, medio reperit ille die.* »

Dreux du Radier, dans la notice qu'il consacre à Robert Irland, traduit ainsi ce distique :

« Sa lanterne à la main, en plein jour Diogènes
» Cherchait partout un homme ; il y perdit ses pas,
» Irland est le trésor qu'il cherchait dans Athènes,
» C'est l'homme qu'il n'y trouva pas. »

Sous de tels maîtres, Rat fit d'excellentes études. Esprit travailleur, studieux, préférant les leçons de l'école aux distractions bruyantes de ses camarades, il n'était point de ces *escholiers* poitevins dont parle Rabelais, qui passaient leur temps « à monter sur la » Pierre-levée et là bancqueter à force flacons, jambons » et pastés, et escripre leurs noms dessus avec ung » cousteau ».

Lorsqu'il eut terminé ses études et reçu, des mains du recteur de l'Université, le bonnet de docteur, qui était, comme aujourd'hui, le couronnement des travaux, Pierre Rat se fit recevoir avocat devant la sénéchaussée royale établie à Poitiers, le siége présidial ne devant être institué que sous Henri II, par un édit du mois de janvier 1551.

Rat entrait dans la vie à une époque essentiellement propice aux productions de l'intelligence. Depuis plus d'un demi-siècle, l'empire d'Orient était tombé sous les coups des Barbares. Chassées de Constantinople par l'invasion des Turcs, des pléiades de savants avaient fui vers l'Allemagne, l'Italie, la France. Inspirant partout, avec le goût des modèles de l'antiquité, une plus vive ardeur pour l'étude, ouvrant un champ nouveau à l'activité humaine, ils apportaient dans les sciences, dans les arts, dans les lettres, ces modifications profondes, ce goût de la recherche et du nouveau qui devait illustrer à tout jamais ce siècle et lui donner dans l'histoire le nom si justement mérité de siècle de la Renaissance. Rat se faisait homme à l'époque où François Ier montait sur le trône de France ; il allait assister à la transformation de notre langue, à la création par Dumoulin de notre droit national.

Les débuts de Pierre Rat au barreau furent des plus heureux, et surent lui conquérir toutes les sympathies. Il est à regretter que ses plaidoyers ne nous soient pas parvenus, mais les louanges qui lui sont décernées par ses contemporains nous permettent de dire que, jeune encore, il eut sa place marquée à la tête des avocats poitevins.

Rat ne devait briller que peu de temps à la barre ; esprit solide et droit, il ne pouvait s'habituer aux différentes interprétations des usages et coutumes qui faisaient alors loi, aux divergences d'opinions qui s'élevaient, faute d'une bonne explication des textes ; aussi, après quelques années de succès, eut-il l'heureuse pensée de mettre à profit ses connaissances juridiques, ses solides études, et de doter son pays d'un Commentaire de ses coutumes.

Jusqu'au milieu du xve siècle, le droit en France, si l'on en excepte les pays du midi ou pays de droit écrit, qui suivaient le droit romain, n'était qu'une suite de traditions, de souvenirs, d'usages ; c'était ce que l'on appelait le droit coutumier. Confié ainsi à la mémoire des hommes, le droit restait incertain; les seigneurs, dont il gênait les prétentions, pouvaient le nier, et le pauvre roturier, sans défense, succombait malgré la justice de sa cause. De là l'habitude de faire constater les usages dans les chartes, dont la royauté assurait l'exécution.

C'était un progrès ; mais la rédaction offrait trop souvent, hélas! des lacunes pour suffire à décider toutes les questions. Lorsque le clerc, l'officier de robe courte, comme on l'appelait alors, chargé de rendre la justice au nom du seigneur, doutait de la coutume, il fallait porter l'affaire au parloir aux bourgeois (1) ou faire affirmer la coutume par tourbe de témoins (2) :
« Pour prouver coustumes, documents, usages, ou
» util alleguez, il convient nécessairement que ladite
» prove soit faite et rapportée en tourbe, par dix sages
» coustumiers rendant certaine et affirmative cause
» de leurs dépositions, ou par plus, et si par mens
» de dix personnes en tourbe, la coutume était té-
» moignée, cette prove ne suffirait pas mais serait
» ainsi comme nulle de soi. »

Cette manière de constater le droit était à la fois imparfaite et dispendieuse.

On sentait en France, à la fin du xve siècle, le besoin d'un recueil des coutumes ou usages de chaque localité; l'initiative privée le créa dans plusieurs provinces, notamment en Poitou, et c'est ainsi que la bibliothèque de la ville possède aujourd'hui, grâce aux soins de

(1) Minier, p. 269.
(2) Desmares, *Décisions*, p. 275.

M. le président Nicias Gaillard, la copie d'un manuscrit trouvé par ce regretté magistrat à la bibliothèque nationale, en 1841, et contenant l'ancienne coutume de notre province, rédigée « par sept praticiens ou » avocats, lesquels, dit le texte, plusieurs fois et à » grant diligence se sont por ce assemblés en la ville » de Parthenay en l'an 1417 ». Ces praticiens ou jurés, comme ils s'appelaient, faisaient la compilation des usages pour l'utilité du pays, sans avoir de mission ou d'autorité publique, ainsi qu'il résulte de la mention finale de ce coutumier : « Et finist icelui petit livre ou » traité sur plusieurs usaiges, coustumes, stilles et » gouvernemens du païs de Poictou, compilé, et dili- » gemment visité, leu et corrigé et bien advisé, par » honorables hommes saiges, tous jurés et avocats. »

Il appartenait au roi Charles VII, qui avait conquis son royaume et accompli, par la main d'une vierge héroïque et sainte, la délivrance du pays et le salut de la couronne, d'avoir le premier la pensée de doter la France d'une rédaction officielle des coutumes.

Par sa célèbre ordonnance de 1453, rendue à Montil-lez-Tours, Charles VII déclarait que, dans tout le territoire du royaume et pays de France, les coutumes seraient rédigées avec l'assistance et la collaboration des trois ordres, sous la direction de commissaires nommés par lui, soumises à son approbation puis publiées.

La pensée de cette ordonnance était non-seulement de fixer les coutumes pour l'avenir, mais de les épurer, si je puis m'exprimer ainsi, et de faire disparaître la confusion occasionnée par l'envahissement des Anglais et les désordres qu'avait entraînés la guerre de Cent ans : siècle de troubles, d'anarchie, de trahison, de violence.

L'appel du roi libérateur fut entendu dans ces provinces déchirées et sanglantes, dont le cœur, plein de patriotisme, tenait également à ses lois municipales, à ses lois nationales ; et lentement, à partir de l'ordonnance de Montil-lez-Tours, les trois états convoqués dans chaque province, par ordre du roi, sous les règnes successifs de Charles VII, Louis XI, Charles VIII, Louis XII et François Ier, ont rédigé leurs coutumes et quelquefois modifié, sous la présidence de magistrats du Parlement, d'anciennes traditions qui ne pouvaient supporter la lumière.

Le Poitou ne resta pas en arrière dans ce mouvement intellectuel, et, en 1514, pendant le règne de Louis XII, ses coutumes furent rédigées, en même temps que celles de la Rochelle et de l'Angoumois, sous la présidence des commissaires royaux Roger, Barme et Baillet (1). La coutume du Poitou était déjà célèbre à plus d'un titre ; elle était citée non seulement parmi les plus importantes par l'étendue des territoires qui se trouvaient sous ses lois, le Poitou avec les siéges de Fontenay-le-Comte, Niort, Montmorillon, Civray, Melle, Saint-Maixent et la sénéchaussée du Dorat, c'est-à-dire, pour employer nos divisions administratives modernes, les départements de la Vienne, des Deux-Sèvres et une partie de la Vendée et de la Haute-Vienne, mais elle était réputée, selon le jurisconsulte Loiseau, l'une des plus belles coutumes de

---

(1) *Coutumier général de Richebourg*, t. III, p. 726 et 727 ; — *ibid.*, p. 16 et 26.

France (1), et l'auteur de la *Méthode pour l'intelligence générale des coutumes,* Paul Challine, dit, en parlant d'elle et de l'éloge qu'en a fait Loiseau : « Encore
» que toutes les coutumes soient locales et qu'elles
» n'aient point d'autorité hors de leur territoire, ni
» d'empire les unes sur les autres, néanmoins il y en
» a qui servent comme de flambeaux aux coutumes
» voisines, parce qu'elles sont fondées sur le droit
» commun et sur les principes généraux de la raison
» naturelle et de l'équité (2). »

Désormais la justice n'avait plus pour se guider une simple suite de traditions et de souvenirs : les coutumes avaient un texte certain, un texte officiel ; le droit national était fondé ; désormais les jurisconsultes, les commentateurs avaient un champ libre ouvert à leurs travaux, et, par leurs savantes recherches, ils allaient parvenir à mettre en lumière les parties les plus obscures de notre droit.

Le premier qui eut l'honneur de commencer une œuvre si belle, le premier à qui le Poitou dut un ouvrage sur ses coutumes, ce fut Pierre Rat.

Préférant le silence du cabinet aux luttes journalières du barreau, il cessa complétement de plaider, vers 1535, pour se consacrer tout entier à l'œuvre qui devait transmettre son nom à la postérité, et, au mois d'août 1548, il fit paraître chez les frères Marnef, imprimeurs à Poitiers, son commentaire de la coutume, sous le titre de : *Petri Rati, Pictaviensis decurionis, in patrias Pictonum leges quas vulgus consuetudines*

---

(1) Loiseau, *Des Seigneuries,* ch. XII, n° 42.
(2) *Méthode pour l'intelligence des coutumes*, par Paul Challine, p. 191.

dicit, glossemata. Il dédia son ouvrage à François Olivier, garde des sceaux et chancelier de France, qu'il voulait remercier de lui avoir fait obtenir le privilége de Sa Majesté François I*er*.

Le commentaire de Rat, écrit en latin, sans préface, ni avis au lecteur, est un petit volume in-quarto de quatre cent et quelques pages, divisé, comme le texte lui-même de la coutume, en quinze titres ou chapitres, traitant : le premier, « De la distinction des juridictions en haultes, moyennes et basses » ; le second, « Des donations » ; le troisième, « Des testaments » ; le quatrième, « Des successions » ; le cinquième, « Des bastards et biens aulbains et espaves » ; le sixième, « Des prescriptions » ; le septième, « Des retraits lignagiers » ; le huitième, « Des communitez de biens » ; le neuvième, « Des douaires, tutelles et émancipations » ; le dixième, « Des notaires et passements de lettres » ; le onzième, « De l'office des sergens » ; le douzième, « Des sentences par deffaulx et contumace » ; le treizième, « Des matières d'asseuretez » ; le quatorzième, « Des redditions de compte, des biens de justice », et le quinzième « Des cryées ».

C'est, comme on peut le voir par cette rapide énumération, un mélange de lois civiles et de règles de « stille et pratique », que nous appellerions aujourd'hui règles de procédure.

Quelques auteurs reprochent à Rat, dans son commentaire, ces citations nombreuses, ces fréquentes digressions qui, s'éloignant du texte, paraissent aujourd'hui plus curieuses qu'utiles, et semblent tentés de soupçonner notre auteur de la démangeaison, familière aux écrivains de son temps, d'étaler une érudition déplacée ; mais leur critique est trop sévère : ces digressions, ces emprunts au droit romain, au droit canon, à toutes les sciences alors connues, avaient de fréquentes applications dans les plaidoiries et les ouvrages de l'époque, et il faut ajouter, à la louange de notre jurisconsulte, que rarement on perd son temps à le suivre.

C'est principalement dans les parties les plus difficiles de la coutume, que l'esprit analyste de Rat se dévoile et que l'on reconnaît la connaissance profonde qu'il avait du droit romain et du droit coutumier. Les fiefs, le chemérage, le quart hommage, toutes ces matières si obscures sont mises par lui en lumière et deviennent, au dire des praticiens qui ont plus tard travaillé sur la coutume du Poitou, les meilleures parties de son ouvrage.

Le Commentaire de Rat, fait en forme de glose, répondit au vœu général des praticiens, qui l'accueillirent avec le plus grand enthousiasme. Plein de justes principes et contenant, sur des objets familiers dans l'usage, quantité de décisions nettement exprimées, il fut cité avec éloge dans les plaidoyers et les écrits des plus célèbres jurisconsultes. Boucheul, dans son savant ouvrage, lui a emprunté une partie de ses définitions, et a placé notre jurisconsulte au rang des Lelet, des Constant, des Filleau, car, à quelques changements près dans la jurisprudence, il sera toujours le guide de ceux qui veulent pénétrer l'esprit de la coutume du Poitou.

En tête des *Commentaires* de Papon *sur la coutume du Bourbonnais*, on trouve les vers suivants adressés par Jean Girinet, avocat au Parlement, l'un des contemporains de Pierre Rat, à Anne de Chappes, et dans lesquels il met notre jurisconsulte au nombre des hommes à qui la France doit l'intelligence de ses coutumes :

> « *Quid non virtutis quos tenet ardor, agant !*
> » *Sic Picto Ratum, sua sic Aurelia Pirrhum,*
> » *Insignem tua te sic habet ora Baro.* »

Depuis plusieurs années, Pierre Rat n'était plus, quand un inconnu, pénétré de l'excellence de son *Commentaire*, le retoucha pour le faire cadrer avec la coutume nouvelle, réformée en 1551 par ordonnance de Henri II. Cette nouvelle édition, avec ses augmentations et ses corrections, fut publiée en 1609, et dédiée par l'imprimeur à Jean Rat, conseiller au Parlement, petit-neveu de notre jurisconsulte. Ses avantages sont moindres que le titre ne l'annonce, mais elle est en général préférée, parce qu'on y retrouve en entier le procès-verbal de la rédaction de la Coutume, avec une table contenant le sommaire de chaque chapitre.

Pierre Rat ne fut pas seulement, Messieurs, un savant, un avocat, un jurisconsulte, il fut aussi un administrateur distingué.

En 1531, sous la mairie de René Acton, alors que son Commentaire des coutumes n'était pas commencé, et que le barreau le comptait parmi les plus célèbres de ses membres, Rat fut nommé échevin. Les franchises accordées par Aliénor d'Aquitaine, et confirmées par lettres de Philippe-Auguste du mois de novembre 1222, avaient donné à la ville de Poitiers une constitution municipale des plus étendues, sur laquelle furent successivement calquées celles de plusieurs villes voisines ; un maire, vingt-quatre échevins et soixante-quinze pairs ou conseillers qui, élus par tous les bourgeois de la ville, nommaient entre eux les autres magistrats.

Les échevins avaient alors des fonctions fort importantes ; juges de la police municipale, sous la direction du maire, ils formaient une juridiction qui avait les pouvoirs les plus étendus. Il serait difficile d'indiquer quelle était leur compétence, car elle variait à l'infini, suivant les concessions fort diverses des chartes de communes, à cette époque où, selon la parole de Loiseau, « la confusion des justices en France n'était guère » moindre que celle des langues lors de la tour de » Babel », mais ils pouvaient connaître de certaines causes civiles, car l'ordonnance de Moulins de février 1566 leur retira ce privilége, ne leur laissant que l'exercice de la juridiction criminelle et de la police.

Élu maire de Poitiers en 1539, et ennobli par ces fonctions, alors les premières de la cité, Rat prit pour armes celles de son oncle Bertrand Rat : « D'argent » ondé à la licorne d'or à repos sur une terrasse de » sinople, ayant trois palmiers de même couleur au » chef de gueules, » et pour devise : « *Nihil nimis.* »

Ce fut alors, selon toutes probabilités, que, cédant à un usage de l'époque, il prit, d'un petit domaine qu'il possédait en la paroisse de Fleuré, ce titre de sire de la Poitevinière que nous voyons figurer après son nom.

Pendant le peu de temps que Pierre Rat passa à la tête de la municipalité poitevine (car, données à l'élection, les fonctions de maire ne devaient durer qu'une année), on ne peut signaler, comme fait remarquable et intéressant, que le passage à Poitiers de l'empereur

Charles-Quint se rendant d'Espagne en Flandre pour châtier la ville de Gand révoltée contre son autorité. La réception qui lui fut faite en cette circonstance fut des plus brillantes, et son caractère local m'engage à entrer ici dans quelques détails, persuadé qu'ils ne seront pas sans quelque intérêt pour vous.

Par une lettre datée de Compiègne le 7 novembre 1539, et adressée « aux maire, échevins, manans et habitants de Poitiers », François Ier demandait de recevoir dignement l'empereur Charles-Quint, qu'il venait d'autoriser à traverser la France, et de lui rendre les honneurs réservés à sa personne. A la réception de cette lettre, le corps de ville s'assembla, et, sur la proposition du maire, résolut de répondre au désir royal. Réglées par Pierre Rat et le duc de la Trémoille, alors gouverneur du Poitou, les fêtes furent magnifiques et dépassèrent par leur pompe tout ce que l'on pourrait imaginer aujourd'hui en pareille circonstance. Tous les habitants de Poitiers, bourgeois, écoliers, magistrats, voulurent participer au cortége; les muses elles-mêmes se distinguèrent en cette occasion, et, malgré la différence des goûts, on ne peut s'empêcher de convenir qu'il serait difficile de montrer aujourd'hui plus de délicatesse d'imagination que dans les différentes inscriptions, en vers ou en prose, qui servirent d'ornement à la cérémonie.

Ce fut le 8 décembre de cette année 1539, vers les cinq heures du soir, que l'empereur Charles-Quint, venant de Lusignan où il avait « couché », disent les chroniques, fit son entrée dans la ville, accompagné du Dauphin et du duc d'Orléans. Le maire, les échevins et les bourgeois de la ville, au nombre de quatre-vingts, allèrent à sa rencontre, précédés d'un corps de mille huit cents hommes divisés en quatre bandes, distinguées chacune par sa devise et ses couleurs, des trompettes de la ville, des archers et des sergents du maire, tous à cheval avec leurs livrées et les couleurs de la ville, qui portait « blanc et rouge ». Ils étaient suivis des officiers de la sénéchaussée ou plutôt de messieurs de la justice, et de cent écoliers de l'Université avec un uniforme incarnat et noir et cette devise : « *Unum virum tu quæris, et omnis populus erit in pace.* »

Pierre Rat, à la tête de cet imposant cortége, rencontra Charles-Quint un peu au-dessus de la Chapelle-Saint-Jacques, à un quart de lieue de Poitiers, et là il eut l'honneur de le complimenter et de lui adresser, au nom de la ville, ses souhaits de bienvenue. La harangue fut écoutée avec beaucoup de bonté, et Charles-Quint y répondit en peu de mots, ainsi qu'au discours prononcé par le lieutenant général François Doyneau.

En passant la porte de la Tranchée, le cortége fut salué de toute l'artillerie de la ville, qui consistait alors en trente-neuf pièces de canon et environ quatre cents arquebuses à crochet. Un arc de triomphe à l'antique, dont les armes de l'empereur et celles du roi formaient le principal ornement, avait été élevé à cette entrée de la ville. Au dessus, faisant allusion à la récente captivité de François Ier et à la trève qui avait été signée l'année précédente à Nice, on lisait ces devises : « *Quos Deus conjunxit, homo non separet* » ; et plus loin : « *Vivant corda eorum in sæculum sæculi* ».

Elles étaient accompagnées de ces vers français, qui en sont la traduction :

> « Ceux qui de Dieu sont conjoints par la grâce,
> » Homme, jamais ne pense séparer :
> » Leurs cœurs vivront, sans eux désemparer,
> » En union, quelque chose qu'on fasse. »

Ce fut à cet endroit que l'on présenta à Charles-Quint « le poêle mi-parti de drap d'or et de velours, » enrichi de ses armes aux quatre coins en broderie » d'or ». Il fut porté par le maire Pierre Rat et trois échevins, MM. Berthelot, Acton et de Crouzille, tous les quatre revêtus de robes de satin noir doublées de velours.

Le cortége se rendit en grande pompe à la cathédrale, en passant par le Marché-Vieux, aujourd'hui la place d'Armes, la rue des Cordeliers et la rue Notre-Dame-la-Petite. Toutes les rues étaient tapissées, et chaque maison illuminée par un flambeau d'une livre et demie de cire. Au Marché-Vieux, l'Université avait élevé un théâtre, et salua l'empereur au passage, en lui adressant le distique suivant :

> « *Salve, magne parens, terrarum gloria Cæsar,*
> » *Qui regis imperium, maxime Cæsar, ave.* »

A la porte de la cathédrale, l'évêque Claude de Longwy, cardinal de Givry, à la tête du chapitre revêtu de chapes d'or, reçut Charles-Quint et le complimenta.

Les mémoires du temps nous rapportent que l'empereur descendit à l'évêché, et l'auteur de la relation à laquelle j'emprunte ces détails nous fait remarquer, comme trait de la richesse et de la magnificence avec laquelle il fut reçu par la ville, « qu'outre les trois pièces réservées spécialement à Charles-Quint, il y avait sept pièces, toutes tapissées de fines tapisseries à personnage, lesquelles, ajoute-t-il, le seigneur de la Trémoille avait fait apporter audit Poitiers ».

Le lendemain matin, Pierre Rat, à la tête des échevins, offrit à l'empereur le présent de la ville : c'était, disent les chroniques, « un aigle auprès d'un lys, sur un rocher orné de fleurs, le tout d'argent doré ». On y avait gravé ces mots : « *Ex omnibus floribus mundi, elegi lilium unum.* » Pierre Rat accompagna ce présent d'un discours en français, qu'il voulut prononcer à genoux selon l'usage, mais l'empereur le fit relever, l'écouta avec bienveillance, et lui fit la réponse suivante : « Je remercie la ville, j'accepte son présent et m'en souviendrai bien. » C'est ce que l'on peut appeler, dit Dreux du Radier, « *imperatoria brevitas* ».

Cette réception brillante fut le seul événement qui illustra le passage à la mairie de notre jurisconsulte. Déchargé l'année suivante de ses fonctions publiques, il reprit ses études, ses travaux sur la coutume, qui devaient l'amener à composer ce Commentaire dont je vous parlais tout à l'heure, et qui peut être, à juste titre, regardé comme l'œuvre la plus importante de sa vie.

A partir de la publication de son ouvrage en 1548, nous ne voyons que rarement le nom de Rat figurer sur nos annales publiques. Bien qu'inscrit l'un des premiers sur la liste des avocats lors de la création du Présidial, il ne prit point la parole devant ce docte corps judiciaire ; son nom, du moins, n'est pas resté attaché à quelques-uns des procès célèbres de l'époque. Mais si, délaissant les honneurs de la barre, il se contenta du rôle non moins beau de consultant, il est certain, du moins, qu'il fut toujours regardé comme une des lumières du Poitou, car en 1559 il fut choisi, l'un des premiers, pour représenter la ville et apporter le concours de ses connaissances et de son mérite à la réformation de nos coutumes (1).

Ce fut dans le calme et le silence de la retraite, à la Poitevinière, peut-être, que Pierre Rat vit la religion réformée faire son apparition dans le Poitou, et les luttes sanglantes dont fut le théâtre la ville qu'il avait autrefois administrée. Il ne prit point comme son neveu une part active aux combats que se livrèrent les catholiques et les protestants, ni à la défense de la ville assiégée par Coligny en 1562 ; mais, sincèrement attaché à la religion de ses pères, à la religion catholique, il dut voir avec horreur les ravages qui furent alors commis à Poitiers, les tombeaux violés, le corps de sainte Radégonde traîné dans les rues et réduit en cendres, les églises pillées, les clochers abattus, la ville en un mot mise à feu et à sang par les terribles soldats gascons de Grammont.

Peut-être Pierre Rat travaillait-il à un autre ouvrage qui ne nous est point parvenu, ou que la mort, le surprenant, ne lui permit point de publier. Quoi qu'il en soit, et bien que la date de sa mort ne nous soit pas connue, il est certain cependant qu'il vivait encore à cette époque néfaste dans les annales poitevines; car Bouchorst, dans son poëme sur les troubles de Poitiers, consacrant quelques vers aux hommes célèbres qui par leur mérite et leur gloire feront oublier à la ville les désordres qu'elle a soufferts, joint aux noms de

---

(1) *V.* Procès-verbal de rédaction, *Coutumier général*, t. IV, p. 822.

Mathurin Léné et de l'intrépide maire Joseph Le Bascle celui de Pierre Rat.

Telle est, Messieurs, esquissée à grands traits, l'existence que j'étais chargé de retracer et de mettre en lumière.

Jurisconsulte, Rat contribua puissamment aux progrès de la législation de son temps ; ses écrits sont clairs, nets et précis, et il semble y avoir mis en pratique sa devise : *Nihil nimis*.

Avocat distingué, il fut le précurseur de cette phalange célèbre : les Brisson, les Pasquiers, les Pithou, qui illustrèrent les grands jours de Poitiers en 1579.

Aministrateur zélé, il n'eut jamais d'autre désir que celui d'être utile à ses concitoyens et de faire le bonheur de sa patrie.

Aussi peut-on le ranger parmi cette génération de légistes et de travailleurs de la pensée qui, pendant que la noblesse combattait sur les champs de bataille et que le clergé luttait avec ardeur contre les idées nouvelles, fondaient notre droit national et préparaient la France féodale à devenir ce qu'elle devait être un jour, la France catholique de Bossuet et la France monarchique de Louis XIV.

Poitiers. — Typ. de A. Dupré.

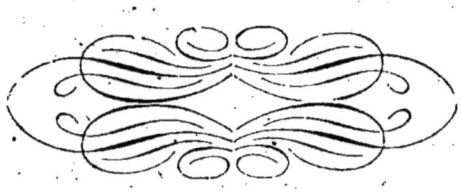

www.ingramcontent.com/pod-product-compliance
Lightning Source LLC
Chambersburg PA
CBHW060713050426
4245ICB00010B/1414